海上絲綢之路基本文獻叢書

閩海關常税則例（下）

〔清〕佚名　撰

文物出版社

圖書在版編目（CIP）數據

閩海關常税則例. 下 /（清）佚名撰. -- 北京 : 文物出版社, 2022.7
（海上絲綢之路基本文獻叢書）
ISBN 978-7-5010-7576-8

Ⅰ. ①閩… Ⅱ. ①佚… Ⅲ. ①海關税則一福建一清代
Ⅳ. ①F752.59

中國版本圖書館 CIP 數據核字（2022）第 085606 號

海上絲綢之路基本文獻叢書
閩海關常税則例（下）

撰　　者：〔清〕佚名
策　　劃：盛世博閲（北京）文化有限責任公司

封面設計：鞏榮彪
責任編輯：劉永海
責任印製：張道奇

出版發行：文物出版社
社　　址：北京市東城區東直門内北小街 2 號樓
郵　　編：100007
網　　址：http://www.wenwu.com
經　　銷：新華書店
印　　刷：北京旺都印務有限公司
開　　本：787mm×1092mm　1/16
印　　張：12
版　　次：2022 年 7 月第 1 版
印　　次：2022 年 7 月第 1 次印刷
書　　號：ISBN 978-7-5010-7576-8
定　　價：90.00 圓

總緒

海上絲綢之路，一般意義上是指從秦漢至鴉片戰争前中國與世界進行政治、經濟、文化交流的海上通道，主要分爲經由黄海、東海的海路最終抵達日本列島及朝鮮半島的東海航綫和以徐聞、合浦、廣州、泉州爲起點通往東南亞及印度洋地區的南海航綫。

在中國古代文獻中，最早、最詳細記載『海上絲綢之路』航綫的是東漢班固的《漢書·地理志》，詳細記載了西漢黄門譯長率領應募者入海『齎黄金雜繒而往』之事，書中所出現的地理記載與東南亞地區相關，并與實際的地理狀況基本相符。

東漢後，中國進入魏晉南北朝長達三百多年的分裂割據時期，絲路上的交往也走向低谷。這一時期的絲路交往，以法顯的西行最爲著名。法顯作爲從陸路西行到印度，再由海路回國的第一人，根據親身經歷所寫的《佛國記》（又稱《法顯傳》）一書，詳細介紹了古代中亞和印度、巴基斯坦、斯里蘭卡等地的歷史及風土人情，是瞭解和研究海陸絲綢之路的珍貴歷史資料。

隨着隋唐的統一，中國經濟重心的南移，中國與西方交通以海路爲主，海上絲綢之路進入大發展時期。廣州成爲唐朝最大的海外貿易中心，朝廷設立市舶司，專門管理海外貿易。唐代著名的地理學家賈耽（七三〇～八〇五年）的《皇華四達記》記載了從廣州通往阿拉伯地區的海上交通『廣州通夷道』，詳述了從廣州港出發，經越南、馬來半島、蘇門答臘半島至印度、錫蘭，直至波斯灣沿岸各國的航綫及沿途地區的方位、名稱、島礁、山川、民俗等。譯經大師義净西行求法，將沿途見聞寫成著作《大唐西域求法高僧傳》，詳細記載了海上絲綢之路的發展變化，是我們瞭解絲綢之路不可多得的第一手資料。

宋代的造船技術和航海技術顯著提高，指南針廣泛應用於航海，中國商船的遠航能力大大提升。北宋徐兢的《宣和奉使高麗圖經》詳細記述了船舶製造、海洋地理和往來航綫，是研究宋代海外交通史、中朝友好關係史、中朝經濟文化交流史的重要文獻。南宋趙汝適《諸蕃志》記載，南海有五十三個國家和地區與南宋通商貿易，形成了通往日本、高麗、東南亞、印度、波斯、阿拉伯等地的『海上絲綢之路』。宋代爲了加强商貿往來，於北宋神宗元豐三年（一〇八〇年）頒佈了中國歷史上第一部海洋貿易管理條例《廣州市舶條法》，并稱爲宋代貿易管理的制度範本。

元朝在經濟上採用重商主義政策，鼓勵海外貿易，中國與歐洲的聯繫與交往非常頻繁，其中馬可·波羅、伊本·白圖泰等歐洲旅行家來到中國，留下了大量的旅行記，記録元代海上絲綢之路的盛况。元代的汪大淵兩次出海，撰寫出《島夷志略》一書，記録了二百多個國名和地名，其中不少首次見於中國著録，涉及的地理範圍東至菲律賓群島，西至非洲。這些都反映了元朝時中西經濟文化交流的豐富内容。

明、清政府先後多次實施海禁政策，海上絲綢之路的貿易逐漸衰落。但是從明永樂三年至明宣德八年的二十八年裏，鄭和率船隊七下西洋，先後到達的國家多達三十多個，在進行經貿交流的同時，也極大地促進了中外文化的交流，這些都詳見於《西洋蕃國志》《星槎勝覽》《瀛涯勝覽》等典籍中。

關於海上絲綢之路的文獻記述，除上述官員、學者、求法或傳教高僧以及旅行者的著作外，自《漢書》之後，歷代正史大都列有《地理志》《四夷傳》《西域傳》《外國傳》《蠻夷傳》《屬國傳》等篇章，加上唐宋以來衆多的典制類文獻、地方史志文獻，集中反映了歷代王朝對於周邊部族、政權以及西方世界的認識，都是關於海上絲綢之路的原始史料性文獻。

海上絲綢之路概念的形成，經歷了一個演變的過程。十九世紀七十年代德國地理學家費迪南・馮・李希霍芬（Ferdinad Von Richthofen，一八三三～一九〇五），在其《中國：親身旅行和研究成果》第三卷中首次把輸出中國絲綢的東西陸路稱爲『絲綢之路』。有『歐洲漢學泰斗』之稱的法國漢學家沙畹（Édouard Chavannes，一八六五～一九一八），在其一九〇三年著作的《西突厥史料》中提出『絲路有海陸兩道』，蘊涵了海上絲綢之路最初提法。迄今發現最早正式提出『海上絲綢之路』一詞的是日本考古學家三杉隆敏，他在一九六七年出版《中國瓷器之旅：探索海上的絲綢之路》中首次使用『海上絲綢之路』一詞；一九七九年三杉隆敏又出版了《海上絲綢之路》一書，其立意和出發點局限在東西方之間的陶瓷貿易與交流史。

二十世紀八十年代以來，在海外交通史研究中，『海上絲綢之路』一詞逐漸成爲中外學術界廣泛接受的概念。根據姚楠等人研究，饒宗頤先生是華人中最早提出『海上絲綢之路』的人，他的《海道之絲路與昆侖舶》正式提出『海上絲路』的稱謂。選堂先生評價海上絲綢之路是外交、貿易和文化交流作用的通道。此後，大陸學者馮蔚然在一九七八年編寫的《航運史話》中，使用『海上絲綢之路』一詞，這是迄今學界查到的中國大陸最早使用『海上絲綢之路』的人，更多地限於航海活動領域的考察。一九八〇年北京大學陳炎教授提出『海上絲綢之路』研究，并於一九八一年發表《略論海上絲綢之路》一文。他對海上絲綢之路的理解超越以往，且帶有濃厚的愛國主義思想。陳炎教授之後，從事研究海上絲綢之路的學者越來越多，尤其沿海港口城市向聯合國申請海上絲綢之路非物質文化遺産活動，將海上絲綢之路研究推向新高潮。另外，國家把建設『絲綢之路經濟帶』和『二十一世紀海上絲綢之路』作爲對外發展方針，將這一學術課題提升爲國家願景的高度，使海上絲綢之路形成超越學術進入政經層面的熱潮。

與海上絲綢之路學的萬千氣象相對應，海上絲綢之路文獻的整理工作仍顯滯後，遠遠跟不上突飛猛進的研究進展。二〇一八年厦門大學、中山大學等單位聯合發起『海上絲綢之路文獻集成』專案，尚在醖釀當中。我們不揣淺陋，深入調查，廣泛搜集，將有關海上絲綢之路的原始史料文獻和研究文獻，分爲風俗物産、雜史筆記、海防海事、典章檔案等六個類别，彙編成《海上絲綢之路歷史文化叢書》，於二〇二〇年影印出版。此輯面市以來，深受各大圖書館及相關研究者好評。爲讓更多的讀者親近古籍文獻，我們遴選出前編中的菁華，彙編成《海上絲綢之路基本文獻叢書》，以單行本影印出版，以饗讀者，以期爲讀者展現出一幅幅中外經濟文化交流的精美畫卷，爲海上絲綢之路的研究提供歷史借鑒，爲『二十一世紀海上絲綢之路』倡議構想的實踐做好歷史的詮釋和注脚，從而達到『以史爲鑒』『古爲今用』的目的。

凡例

一、本編注重史料的珍稀性，從《海上絲綢之路歷史文化叢書》中遴選出菁華，擬出版百册單行本。

二、本編所選之文獻，其編纂的年代下限至一九四九年。

三、本編排序無嚴格定式，所選之文獻篇幅以二百餘頁爲宜，以便讀者閱讀使用。

四、本編所選文獻，每種前皆注明版本、著者。

五、本編文獻皆爲影印，原始文本掃描之後經過修復處理，仍存原式，少數文獻由於原始底本欠佳，略有模糊之處，不影響閱讀使用。

六、本編原始底本非一時一地之出版物，原書裝幀、開本多有不同，本書彙編之後，統一爲十六開右翻本。

目録

閩海關常税則例（下）

閩海關常税則例（下）

卷下

〔清〕佚名 撰

清愛蓮書屋抄本

閩海關例則卷下

目録

燒煉鏡
香料染料顏料矾礦粉石
油蠟燭膠漆
燈花傘扇鈕釦梳掠篦箕刷
紙劄金錫箔樂器玩器
木植板料屋料船料

漆器杯盤碗匣家私

瓶爐几燭臺箱櫃甲萬檢粧龕圍屏

各口倉折例

各口除例

定例

扺板法

樑頭例

夾板鼇金新章

閩安關木頭例則

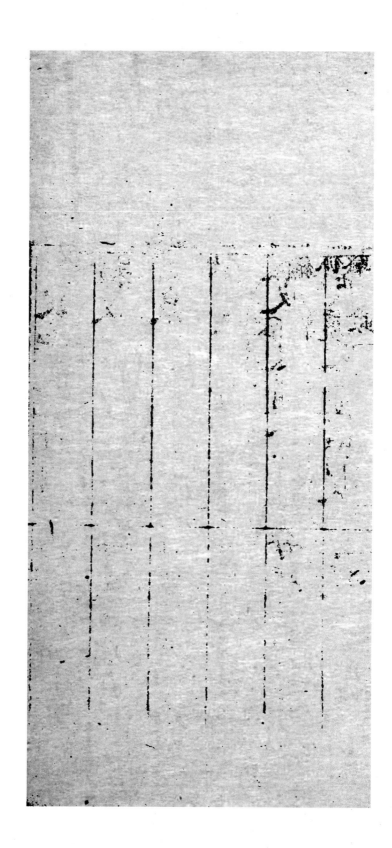

皮毛髮尾牙角骨殼

獐皮　每張五厘

泉　每張三厘五毛

老羔羊皮　猫狗皮　石鼠皮　每張三厘

鹿獺皮　駱貛皮　麢皮　每張三厘五毛

狐騷皮　麂蛇皮　緑皮　山狗皮　每張五厘

灰鼠皮　每張八厘

牛馬皮騾驢皮山馬香牛皮　每張一分五厘

銀鼠海龍皮　每張二分

魴魚皮四張比馬皮一張　每担二錢

貂皮　每張五分

虎豹皮狼皮　每張一錢

沙魚皮　每張二厘

兎皮　每張三毛

馬股皮　每塊三厘七毛五絲

犀牛皮　每張一錢

明秤者

碎犀牛皮象皮牛馬皮條　每担一錢

化皮即弓皮　每担一錢

皮碎臭皮　每担一分

翠毛　每百枚四分

翠鳥　每個四厘每個折翠毛十枚

翎鳥毛每二百枚比翠毛鳥一百枚　每百枚四分

南台一百枚折六十枚

猪毛兎毛碎頭毛　每担一分

羊　短

短頭髮　每担四分

履　每担二錢

長頭髮　每担四錢

孔雀尾　每百枝四分　每瓶仝

馬尾　每担二錢

象牙上	每担三两二錢
中	每担二两五錢
下	每担二两
泉廈不論上中下	每担二两七錢
碎象牙	每担二錢七分七厘
牙筋器	每十斤三錢二分

牙船塔牙樓房　每個座三錢

牙花箱牙花籃牙小箱牙球牙人物　每個瓶盆身五分

角尖　每担一分

牛角番牛角　每担五分

角器　每担一錢

鹿角　每担二錢七分七厘

羚羊角　每十斤一錢三分六厘

藥角　每十斤九錢

犀角犀角盃　每對六分

鹿毛角　每担内抵鹿角七十斤一錢九分三厘九毛
鹿茸三十斤九錢

鹿毛角每担應征銀一两零九分三厘九毛

猪骨碎牛骨　每担一分

骨器　每担二分

鹿骨象骨碎 象　每担二錢七分七厘

椰壳　每担三分六厘

粗螺蚌壳　每担五分

鱟魚壳 每一個算一付 每付一斤　每担五分

鱟杓　每個算一斤　每担五分

壳珠花籃　每坐五分

明瓦　每担五分

螺壳器　每担九錢二分五厘

銀銅錫洋鐵刀鎗各器

銀器	每斤三錢
銀杯碟爵	每個四厘
銀湯匙	每把二厘
銀花籃雙面合者仝	每個一厘六毛
銀小人物雙面合者仝	每個一厘六毛

銀美人石甬銀盤船　每個三錢

生廢銅　每担二錢

熟紅銅　每担四錢

黃响銅　每担三錢

青銅　每担六錢

白銅　每担一兩

小銅鑼 五付比銅鑼一付四厘	每百付八分
中箔銅鑼 府比銅鑼一付四厘	每百付二錢
銅鑼	每百付四錢
銅鈴	每千個四分
銅碎	每担二錢
銅帶頭	每百付四錢

銅絲器　白銅一兩　每担五錢

銅葉銅片銅烟吹　每担五錢

銅駝鎖銅髻銅帳鉤爪扒　每担五錢

銅羅經鏡　每百個一兩

凡銅器夾什難以計件明秤每担五錢

元寶灰　每担一錢

廢錫錫器　每担二錢
錫湯匙　每百把二錢
錫粉　每担三錢
番錫大錫桶　每担六錢
小錫桶　每担二錢
鉛　每担二錢五分

生鉄鉄丁廢鉄條木屐丁鉄烟吹頭鉄銀槽　每担八分

鉄針魚鈎　每百根二厘

鉄抓扒　每百個八厘

鉄拖炉研槽鉄剪盤　每担二錢

鉄鍋中鍋小鍋糖鍋大小足銚古合銚箕銚

每担二錢

以上每〢足〥斤 〣足〤斤 〢足八斤

〢足〣斤 糖鍋足〢斤 〣足三斤

〣足二斤 討一斤

廣銚 每担二錢明秤

大雙耳 每担二錢足〥斤

次雙耳　每担二錢尺二斤

大犁頭　每担二錢大付三斤
小　　　　　　　小付二斤

耡頭耙齒甲萬鎖面門圈鋸　每担二錢

鉄綫鋼鉄　每担三錢

凡夾什鉄器明秤者　每担二錢

剪刀
剃　　每百把二分

明秤者　每担二錢

藥剪　每担二錢

小刀　每百把二分

洋小刀　每百把二錢

紅毛刀　每口五分

鑲金紅毛刀　每口一錢

小紅毛鳥鎗 每枝五分

中紅毛鳥鎗 每枝二錢五分

紅毛鳥鎗 每枝五錢

壽山石粗細磁器珍珠素珠

壽山石小人物　每百身八厘

南台　每百身四分

壽山石中人物　每百身八分

南台
涵江　每百身一錢

壽山石冊頁　每部一錢

南台　每部六分

壽山石大人及坐獸　每百個八錢

壽山石樓房　每坐五分

壽山石小箱盒小粧台插屏　每個五分

大　每個一錢

壽山石桌仔箱　每個二分

壽山石盆景　　每座一錢

壽山石十景　　每座三錢

小石屏小石香几　　每個四厘

壽山石鼻烟壺盒　　每百個一錢

壽山石中盤花酒瓶　　每個一分

壽山石小盤碗　　每百個四分

石硯硯磚壽山石圖書羊肝石火刀碎石　每担四分

寶砂石　每担二錢

石器即紋石壽山石器　每担八錢

花磁盤碗碟鍾　每担二錢

泉州　每担一錢九分

涵江　每担一錢五分

細花磁器德化磁　每担二錢

洋磁器　每担五錢

粗磁器粗盤碗碟鍾宜興、罐作浦罐碎粗香炉

土罐土碗　每担一錢

酒罈　每百個六分

大缸　每百個四錢

大盤 寬一尺每個一斤

中盤 寬八寸一個半一斤

小盤 寬七寸每三個一斤

小碟 四寸每六個一斤

五寸碟 五個一斤

酒盞 一付一斤

花大盤 一個一斤

花菜碗 三個一斤

中碗 四個一斤

碗仔 五個一斤

粗碟仔 茶鍾 六個一斤

粗磁大碗大盤 一號一個一斤 二號二個一斤

三號三個一斤

菜碗頭一個半一斤 中碗頭二個一斤

湯匙一付一斤 飯碗五個一斤

紂蓋碗五個一斤 粗酒鍾十個一斤

粗中碗每簍七十個亦有八十個

粗碗仔每篓一百二十個　菜碗三個一斤南台例

土碗甯德沙埕八都每十個一斤　南台閩安每十個二斤

泉州花粗碗俱九五折　白的無折

珍珠　重三分以上者　每粒五分

八九厘至一分者　每粒三分

六七厘　每粒一分

三四厘以下論両　每両三錢

珊瑚珠　每斤二錢

米珠　論串亦四分　每担四分

売珠　每千粒四分

水晶瑪瑙
瑪瑙象牙　哈石碖各朝珠　每串四分

水晶短素珠　每串四厘

素珠　每百串四分

鶴頂　每對六分

玉瑪瑙瑀珣玳瑁珊瑚哈石綸水晶玻璃

燒煉鏡

玉器　每斤一錢

玉帶頭　每個二分

瑪瑙瑪瑙器　每斤一錢

瑀珣瑀珣器　每斤八分

碎琥珀	每斤六分
蜜珀蜜珀器	每斤一錢
珊瑚樹	每斤五錢
珊瑚枝器	每斤三錢
碎珊瑚	每斤二錢
玳瑁玳瑁器	每斤三分

玳瑁碎　每担一錢

哈石碖　每斤八分

哈石碖鼻烟壺　每個一分

水晶石　每担二錢

水晶水晶器　每斤三分五厘

水晶眼鏡　每個五厘

水晶鼻烟壺　每個一分

玻璃器　每斤三分五厘

西洋玻璃眼鏡　每個五厘

玻璃眼鏡　每百個一錢

燒煉器　每担二錢

南台　每担九分二厘五毛

燒煉十三花　每百個八分

燒煉冊頁　每部一錢

燒煉眼鏡 簿寫土眼鏡　每百個一錢

玻璃鏡千里水鏡

大者一尺上大　每個五錢

中者八寸上大　每個二錢五分

小者八寸下大　每個五分

燒煉鏡　每百個五錢

小　每百個二錢五分

米神鏡　每担二錢

香料染料顏料矾礦粉石

東香　每担一两五錢

泉厦　每担一两一錢七分

上檀香　每担一两

泉厦　每担九錢一分

次檀香　每担七錢

洋安息薔薇露	每罐二分
又小	每罐二厘
香草	每担八分
涵江	每担一錢
上黄熟香	每担四錢
中	每担二錢六分

香袋子　每担四錢

南台論串　每百串四分

香墜珠串　每担四錢

南台　每百斤四錢　串四分

降牙香桂蘭香木樹香蘭桂花米　每担四錢

芸松香竹線香青皮香各樣粬香松膠香線

每担八分

香肥皂　每担八分

肥皂　每担八厘

黑香　又名宗香　每担二錢六分

香柴　每担六錢

廣木香　每担九錢

乳香安息香	每担一两一錢
合香	每担一两三錢四分
丁香	每十斤二錢
茄南香沉香	每十斤三錢
母丁香	每十斤三錢六分
龍涎香麝香	每十斤三两

黑香由乾隆二十四年閏六月十一日源興行
報香二木箱恍惚相似乳香松香其色帶·
烏紫柔粘今比中黃熟香又名宗香

蘇木 上 每担二錢
中 每担一錢五分
下 每担一錢

涵江
泉州
廈門
不論上中下　每担一錢六分

南台不論上中下　每担一錢五分

暹羅蘇木　每担一錢八分

榆皮栲柴皮烏紫籐樗乾皮每担九厘

薯榔芰莚皮　每担一分八厘

水靛
青
每担三分五厘

梅皮	每担四分
烏烟梅	每担五分
姜黄	每担一錢
五棓子槐花	每担二錢
靛花紫草蘇木膏	每担三錢五分
番紅花紅花胭脂蘇木米丹蘭	每担六錢

土紅丹　每担四分

南台　廈門　涵江　每担五分

碗藥　每担四分

南台　每担一錢

碗鈿土粉　每担一錢

白粉土　每担一錢

一百斤折二十五斤照土粉征

紫面粉王田砂　每担二錢

土墨　每担二錢五分

黃、紅飛丹　每担三錢五分

嶶墨　每担五錢

洋火印　每百個五錢

膝黃　每担五錢五分

銅緑 大碌　每十斤一錢二分

銀硃 硃砂 印色　每十斤一錢三分

金粉 洋碗青　每十斤一錢六分

大青 石　每十斤七錢

胭脂　每百張二分

小胭脂　每百張一分

土矾　每担五分

南台
廈門　每担二分五厘

沙埕　每塊五厘

皂
赤
明矾　每担五分

生硫磺　每担一錢

熟硫磺　每担三分

粉石　每担二分五厘

此宗係乾隆四十七年三月十三日船户金得

興裝𠈌進口排頭門具禀奉

派員照土砙征税青单寫粉石

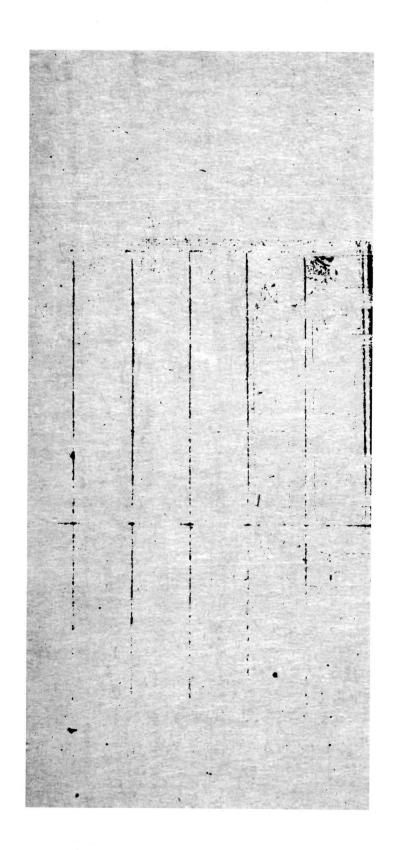

油蠟燭膠漆

冰片油　每斤六錢

桂花香油　每斤四錢

薩木香油　每斤三錢

丁香油　每斤一錢二分

蘇合油　每担一兩二錢

火油　每担八分

小觔　每百觔一錢

茶桐油桕蔴油香熟油牛油雜色油　每担八分

黃洋蠟　每担六錢

白蠟　每担一两二錢

風籐打馬燭　每担四分

牛油燭　每担八分
什色
洋蠟燭　每担六錢
龍鳳紫燭　青单冩漆燭台　每枝四厘
松膠　每担八分
皮膠牛皮膠　每担一錢
水
魚膠　每担二錢

生漆
熟漆
洋火漆　每担一两二錢

燈花傘扇鈕釦梳椋篦箕刷

小琉珖　每個四厘

南台　每個二厘

涵江　每個一分五厘

中琉珖　每個八厘

南台　每個四厘

涵江　每個一分五厘

大洋角燈　每盞一分二厘

中　每盞八厘

小　每盞四厘

南台不論大中小　每盞一分二厘

大珠燈　每盞四分

小　每盞二分

大玻璃料絲百步燈　每盞四分

小　每盞二分

大紗燈　每盞八厘

小　每盞四厘

傘掛燈　每盞八厘

宮燈　每對五分

明瓦燈　每百盞五分

金花銅花牙花石花絹花
銀翠珀絨花　每百枝八厘

草花　每千枝八厘

紅緞涼傘　每把七分

紅呢涼傘　每把一錢四分

綢馬傘　每把八厘
布馬傘　每把四厘
小布紙馬傘　每百把二錢
油雨傘　每百把一錢
白扇面扇骨　每百把三分
白紙扇廣東紙扇油紙扇　每百枝六分

土粗油紙扇小白紙扇　每百枝三分

小粗油紙扇　每百枝一分五厘

金牙扇　每百枝一錢

金扇面　每百張五錢

鵝毛扇　每百枝六分

紗扇竹絲掌扇細葵扇　每百把六分

粗葵扇　　每百把三分

錫銅釦布鈕螺鈿殼鈕　　每千粒二分

布線花鈕小番仔面鈕釦　　每千粒一錢

番釦　　每千粒一兩

木梳柸　　每捆二分

每綑四百個以上者比桶板小綑者四綑征

税如不上四百個者每綑只征税銀一分

牛骨梳牛骨掠什木梳什木掠每百個
一錢象牙梳象牙掠玳瑁梳每百個二錢

篦箕　每百個八厘

角篦箕　每百個一錢

牙篦箕　每百個二錢

漆刷刷仔
牙

每百個八厘

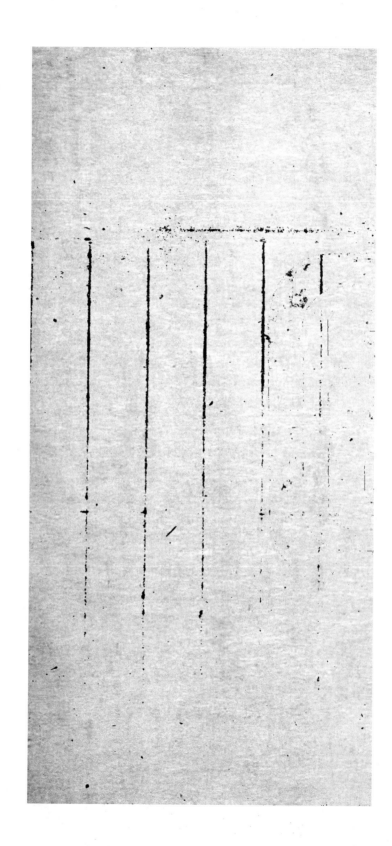

紙劄金錫箔樂器玩器

火紙邊草紙　每担一分八厘

甲

草古紙　每担六分三厘

涵江　每担一分八厘

海紙竹紙古紙烟紙川連紙竹傘紙

甲白鬼桂山扛連

每担六分三厘

各樣粗紙　每担六分三厘

白封套　每担六分三厘

紙錢馬　每担一錢

錦紙　每担二錢

斗方箋紙　每百張五厘

箋紙小涇縣紙小油紙　每百張二分

表箋紙大涇縣紙大油紙紅紙　每百張四分

紙十三花　每百張六分

烏金紙紗紙　每千張八厘

紅箋利市紙紙疏頭　每千張一分

紅單帖　每千張二分

時連紙毛邊紙色紙　每千張六分四厘

京文連史

紙炮	每百個八毛
白全帖手本	每百個三厘二毛
紅副啟封套	每百個四厘
匣箋紙	每百匣四厘
紅全帖手本	每百個二分
紙縐綢聯牌	每百對四分

皮護書 紙婚　　每百個付捌分

門神紙画　　每百張八厘

紙洋画　　每百張六錢

綾綢裱画描金皮画洋画　　每百張六两

土金箔　　每百張六厘

薰金箔銀箔　　每百帖六厘

銅箔　每百張六分
大正飛金箔　每百帖六分
小　每百帖三分
假羊皮金　每百張六分
羊皮金　每百張一錢二分
有紙錫箔印花龍紙箔
印花紙
紙　每担二錢

無紙錫箔　每担三錢

小鼓仔　四個比小鼓一個　每面五毛

小鼓　每面二厘

大鼓　每面四厘

小木魚竹笛　每百枚個八厘

大木魚　每百個四分

胡月琴三弦琵琶　每百枝四錢

七弦琴　每百張四兩

灰尪仔　每百個八厘　出洋八分

走仔板不倒泥人馬紙人馬鬼面　每百個八厘

皮馬絹人物　每百個八分

畨者　每百個一錢六分

大絹堆人物四方架張　每扇三分

小者　每扇一分

洋蠟人物　每座三錢

象圍棋子　每百付四分

洋漆圍象棋子　每百付五分

双陸棋盤　每百個六分

骨牌　每百付四分

牙鑲烏木骨牌

每百斤折烏木器七十斤一錢七分二厘二毛

牙器三十斤九錢六分

每担一两一錢三分二厘二毛

羅經 每百個九分二厘五毛
日圭 每百個九分二厘五毛
時辰表 每個五分
走馬屛 每個五錢
洋樹子 每百粒二錢五分
番籐鐲 每百付四分

殼珠花籃　每座五分

自鳴鐘　每個一兩

木植板料屋料船料

樟木每二丈以外圍七尺上　三錢比大合檀

長一丈五尺外圍六尺上　二錢比中合檀

長一丈外圍五尺上　一錢比小合檀

長一丈内圍五尺下　比壽火水方等板丈量征

樟木廈門枝節丈量科定馬子征式

以 三錢
文 二錢
为 一錢
卟 八分
収 四分
以 二分

以下二錢
以下一錢
以下八分
以下四分
以下二分
以下一分

卩一分　以下俱小

小樟枝　每百枝節三錢

樟枝樟片每片

長二丈外濶三尺上厚七八寸　三錢　比大鹿耳

長一丈五尺外濶二尺五寸上厚六寸　二錢　比中鹿耳

長一丈外濶二尺上厚五寸　一錢　比小鹿耳

長一丈濶二尺厚五寸下 比壽火水方等板征

樟板樟片廈口丈量科定馬子征式

〤〢 三錢 以下二錢

〡〢〥 二錢 以下一錢

〡〇 一錢 以下八分

〨〇 八分 以下四分

如　四分　以下二分

如　二分　以下一分

如　一分　以下俱小

乘樟木樟板式

比如樟木驗時先量長應二丈纔量圍應七尺即將長二丈以圍七尺乘之七二一十四則

成以之馬征稅餘倣此
比如樟板樟片驗時先量長應二丈又量濶
應三尺即將長二丈以濶三尺乘之三二如六
又量厚七寸乘之七六四十二便成刈之馬
征稅餘倣此

炭烏木　每担六分

廈　每担一錢二分三厘

烏木　每担一錢五分

廈　每担一錢二分三厘

檜木紫栢木　每担四分

水楠木　每担五分

此木產在台灣若量丈以鹿耳壽火水等板比之

楠木　每担六分
寛厚長三乘二歸七五折
相思木　每担六分
花梨木　每担一錢二分
花梨木器　每担二錢四分
紫檀紫榆木　每担三錢

紫檀器　　每担九錢二分五厘

番紅木　　每担三錢

此係乾隆十五年六月洋船廣甯行黃

龍寶明德行阮滕鳳二船進口俱此紅木

奇老爺稟請批示照楠木相思木減半

征填寫番紅木

紅紫木　　　　每百觔三錢

量紅木紅紫法

先量頭圍幾尺又量直長幾尺乘之應

多少斤又量尾圍幾尺再乘之實應多

少斤以二歸歸之應多少斤再以九五折

折實多少斤征税

各色壽板　每塊八分沙木仝　尾寬尺以上

火板　每塊四分　尾大尺以上

水板　每塊二分　尾大尺以上

方板　每塊一分　尾大八寸至一尺上

壽護頭　每塊四分

火護頭　每塊二分

水護頭　每塊一分

護頭無方

松槐柳木板　每塊三厘

南台如驗壽板折作火板征

杉方板　每塊一分

南台倉前照則　倉後每百塊折七十塊

分板
涵江
桶板
小者
涵江
枋板

每塊三厘
每塊一厘
每把一分
每把五厘
每把綢一分
每塊一分

泉州涵江　每塊三厘

桶柴坯楻板　每把一分

車葉板　比桶板一小綑　每五十斤五厘

汀板例驗是

壽板　折作火板　每塊四分

火板　折作水板　每塊二分

水板　折作方板　每塊一分

雜木板　每百塊三錢

沙埕論厚薄厚照則薄　每百塊一錢

泊塗板　每百塊一錢

松樹板小城板　每百塊三錢

寸分厚丈板　每百塊六錢

丈分板（員心）　每百塊二兩

杉木園五尺上　每根八錢

南台　每根七錢二分

廈門　每根四錢

杉木園四尺上　每根二錢四分

南台　每根二錢一分六厘

廈門　每根一錢二分

杉木圍四尺　每根二錢

南台　每根一錢八分

廈　每根一錢

杉木圍三尺上　每根一錢

南台　每根九分

廈　每根五分

杉木圍三尺　每根六分

南台　每根五分四厘

廈　每根三分

杉木圍二尺五寸上　每根四分

南台　每根三分六厘

廈　每根二分

杉木圍二尺上　每根二分

南台　每根一分八厘

廈　每根一分

杉木圍二尺　每根一分

南台　每根一分四厘四毛

廈　每根八厘

杉木圍一尺五寸上　每根九厘

南台　每根八厘一毛

廈　每根四厘五毛

杉木圍一尺上　每根三厘

南台　每根二厘七毛

廈　　每根一厘五毛

大連段　每節桉尺寸科稅

南台如二連段便以二節作杉木一根

桉尺寸科稅　銀九折

廈門照長二丈上圍三尺上　每節四分

寧德　　每個六兩五錢

白石司　每個八両

小連段

南台如三連段便以三節作杉木一根

按尺寸科税　銀九折

廈　長一丈上　圍三尺上　每節一分二厘

甯德　每個六両五錢

白石司　每儎八兩

大木段　每節椄尺寸征稅

南台以五節作杉木一根

椄尺寸科稅　銀九折

廈　長七尺 圍三尺　每節二分

甯德　每儎六兩五錢

白石司　每個八兩

小木段

南台以至五節作杉木一根

按尺寸科稅　銀九折

廈　長七尺 圍二尺五寸上　每節六厘

甯德　每個六兩五錢

白石司　每觔八两

木𣪊
南台以五節作杉木一根
樓尺寸科稅　銀九折

廈　每節六厘

泉州
涵江　每節三厘

甯德　每俑六両五錢

白石司　每俑八両

松木椰木槐木

大量征税如五尺以上折四尺上每根一錢四分

南台　每根二錢一分六厘

四尺以上折作三尺上　每根一錢

南台　每根九分

三尺以上折作二尺五寸上　每根四分

南台　每根三分六厘

二尺五寸上折作二尺上　每根二分

南台　每根一分八厘

杉枋　每塊二分

南台按尺寸科稅

泉 每塊三厘

檑木 每根三厘

南台 每根二厘七毛

椽頭 每百枝一錢

涵江 每排十五枝 每排四厘五毛

大杉筒　每塊二分

小者　每塊六厘

杉仔節小杉木雜木　每百枚節三錢

薄杉枋各色木枋山城枋連栓　每百枚節三錢

木犁身木布研車身横杠　每百枚節三錢

碓身　每個八厘十個比寿板一塊

椽仔角杉尾　每百枝三分

小披屋料　每間一錢五分

南台
泉州　每間一錢

三柱屋料　每間二錢

泉　每間三錢

五柱屋料　每間四錢

泉　每擱五錢

七柱屋料　每擱一両

南台泉州　每擱七錢

門　每扇一分

南台　每扇二分

窗門　每扇五厘

南台　每桶一分

門枋　每塊三厘

南台　每塊二分

甯德 沙埕　每塊六厘

門楣　每塊三厘

南台　每塊二分

甯德　每塊六厘

門柱檻　每塊三厘

椗齒　每枝三厘

南台涵江　每枝一分

櫓坯仔　每枝三厘

南台　每枝一分六厘

涵江	每枝一分
小合枟	每根一錢
涵江	每根二錢
中合枟	每根二錢
涵江照則	
大合枟	每根三錢

涵江　每根二錢

大鹿耳　每根三錢

中　每根二錢

小　每根一錢

涵江不分大中小均征一錢

大樟極　每塊二分

小樟極　每塊一分
下金　每塊四分
上金　每塊八分
大椗　每根三錢
中　每根二錢
小　每根一錢

一

漆器杯碗盤匣家私

末鑲椰杯　每個一厘

洋漆杯　每個四厘

次玉雄黃杯　每個二分

玉雄黃杯　每個四分

犀角杯　每個六分

未鑲紫檀杯器　每百個一錢

玳瑁酒茶杯紫檀杯器　每百個二錢

銀杯爵　每百個四錢

未鑲椰碗　每個二厘

銀鑲椰碗　每個四厘

洋漆碗洋漆碗　每個四厘

次玉雄磺碗　每個二分

玉雄黄碗壽山石小碗　每個四分

大漆盤洋小漆盤　每個四厘

洋中漆盤　每個一分五厘

壽山石小盤　每百個四分

洋大漆盤　每個五分

漆盤漆竹絲十錦盤　每百個一錢六分

壽山石中盤　每百個一兩

土漆茶盤漆竹絲茶盤　每百個一錢六分

玳瑁茶盤　每百個二錢

漆盤架　每百個四錢

描金茶盤　每百個一兩

小紙匣內有鏡做花鳥西洋景塡紙十三花　每百個六分

緞紙匣裱錦匣　每百個一錢六分

小漆土木硯匣小漆皮匣　每百個一錢六分

小鏡匣鹿皮拜匣　每百個四錢

漆皮拜匣土木匣　每百個四錢

玳瑁硯匣小玳瑁匣　每百個八錢

銀錫湯匙	每百把二錢
烏木筯	每担二錢四分六厘
牙筷	每担三兩二錢
天平架	每付三厘 碙碼仝 加三分一
粉牌	每百個八厘
泉	每百個四分

算盤　每百個四分

洋漆箸椰箸　每百個八分

便棺轂槭油車　每個一錢

漆面盆小筆筒漆桶　每百個一錢六分

漆筆筒土漆香筒　每百個二錢

番描金皮椅　每十二張三錢

漆扶手	每百個四錢
匣戥	每百枚四錢
描金漆甕	每個一分
洋漆匣	每百個一兩
洋漆硯拜匣	每百個一兩五錢
洋硯匣	每百個二兩

小角盒　每百個八厘

小角盒小木盒内有鏡者（比折土眼鏡另填寫）　每百個五分

大者　每百個一錢

土漆盒土漆饌盒漆竹絲盒漆烟盒漆鏡盒

土漆柴小盒（每合三個）漆帽盒小漆盒

每百個一錢六分

牙烟盒玳瑁小烟盒　每百個二錢

漆盒漆饌盒大漆盒洋小漆盒小銅絲漆盒
皮　皮小

鑲玳瑁小角盒　每百個四錢

描金漆盒　每合二个　每個一分

小螺鈿盒
洋奩　每個一分

螺鈿盒
洋硯　每個二分

中銅綵漆盒 每個一分五厘
大者 每個五分
漆大洋盒壽山石小盒 每個五分
壽山石大盒 每個一錢
銀碟洋漆碟 每百個四錢
漆湯匙 每百把八厘

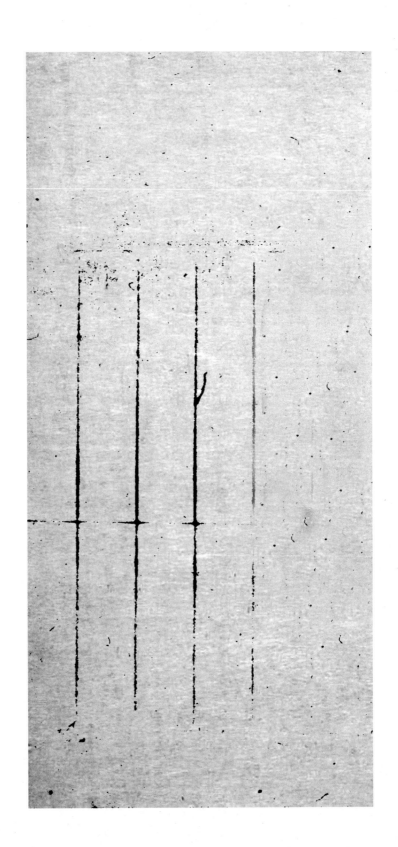

瓶爐几燭臺箱櫃甲萬撿粧奩圍屏

描金皮花瓶式　每塊三厘

壽山石花酒瓶　每塊一分

描金漆瓶　每個一分五厘

柴花瓶　每百個一錢六分

漆柴花瓶紅毛酒瓶　每百個二錢

東洋烏金炉　每個四分

洋漆香炉　每百個四錢

洋漆香几棹　每個一分五厘

漆香几小石香几　每百個四錢

柴燭台仔　每百個八厘

漆燭台　每百個四錢

箱坯白皮箱皮端榡箱小皮箱　每個一分

皮箱　每個二分

白石司　每個四分

漆箱花皮箱壽山石棹箱　每個二分

洋漆小箱仔玳瑁小箱　每個一分五厘

牙箱螺鈿箱壽山石小箱　每個五分

漆箱三尺大者仝

洋漆小箱壽山石大箱　每個一錢

洋漆大箱　每個二錢

洋烏漆大箱　每個五錢

土漆箱仔　枕箱　每個四厘

番藥櫃　內有屜數十個　每個五分

玳瑁小提柜　每個一分五厘

洋提柜　每個五分

小甲萬　每個一分

甲萬　每個二分

玳瑁小甲萬　每個一分五厘

玳瑁小甲萬仔　每個一分五厘

漆檢粧　每個四厘

粧臺　每個一分

洋檢粧　每個五分

壽山石大粧台　每個一錢

小者　每個五分

大神龕　每個二分

小神龕　每個一分

神主牌四個比小神龕一個　每個二厘五毛

玻璃小揷槕小鏡屏　每個五厘

描金皮西洋面烏漆四方架　每個五厘

槕屏壽山石大槕屏　每架一錢

壽山石小槕屏　每架五分

圍屏大雕漆者　每架五錢

小者　每架三錢

各口滄口折例

南台

油欖桔子荸薺九折

牛骨牛角七折

薯榔水靛八折

目魚干花生荔枝六折

海蜇 五折

廈門

薯榔油籸大参蝦皮鎖管鮭醬鰮鮭醢蜆

油渣餅江魚脯棗子瓜子 八折

牛骨猪骨茶子枸子 七折

柑桔子核桃 六折

海蜇花生刀石草蔴子 五折

涵江

大麥蝦皮鮭醬瓜子油渣餅桔子落花生

海蜇苔脯醃魚肥皂 八折

青靛 六折

牛骨猪骨菜姜棗子 七折

若甯德白石司沙堤三言紅单進口六折

泉州

薯榔大麦蝦皮江魚脯魚脯小魚八折

牛骨鮭醬鹽蜆菜姜七折

桔子鹽柑六折

海蜇水海蜇不折

沙埕

薯榔鮭醬蝦皮油渣餅桔子花生荸薺梅皮

目魚干椰鮣八折　牛骨七折

石碼　南山邊

薯榔大麥油梘鰛鮭鎖管鹽蜆蝦醬海蜇八折

牛骨七折

桔子目魚干　六折

劉五店

薯榔鱃鮭醬江魚脯鹽蜆蝦醬油籸八折

牛骨七折　海蜇花生五折

安海

散艙花生牛骨猪骨七折

海蜇刀石 五折

薯柳大麥老姜桔子江魚脯 八折

在倉乾海蜇 無折

閩安鎮

凡貨物出口用四因進口用二因先量寬後量深共合若干數以貨物定數乘之續繳

以倉口分數相乘科算

六尺起至九尺九寸止

豆麥鹽魚芝蔴魚餌鹽鰮鮭菜子枸子

鹽蠣沙柸魴柸青靛薯榔海蜇烏梅石糕

土碗滷螺瓜子棗干李干鹽魚子鹽目魚

牛骨鰆鮭醬碗土鎖管鮭油渣餅醃魚鹽蛋

魚鮝爪鮝魴魚什鮝目魚干牛肉脯　每尺二百五十斤

苔菜苔脯鹽蛤鹽蚬鹽蟹桔子小魚脯　每尺二百二十斤

小目魚　每尺二百斤

魚鲄鲄釣錦菜老姜蝦皮明矾皮碎

桔子干　每尺一百五十斤

一丈起至一丈一尺九寸止

豆等　每尺三百斤

魚鯗等　每尺二百七十斤

苔脯等　每尺二百五十斤

魚魺等　每尺二百斤

一丈二尺至一丈四尺九寸止

豆等　每尺三百五十斤

魚鮝等　每尺三百二十斤

苔脯等　每尺三百斤

魚鮦等　每尺二百五十斤

一丈五尺起至一丈七尺九寸止　每等加五十斤

一丈八尺起至二丈九寸止

二丈一尺起至二丈二尺九寸止

二丈三尺起至二丈四尺九寸止

七轉因二丈五尺起至二丈八尺九寸止

三寸至一尺四寸為槐板　算三分倉

一尺五寸至一尺九寸為半盖　算五分倉

二尺至二尺九寸為小倉　算八分倉
三尺至三尺九寸為平倉　算一倉
四尺至四尺四寸為大倉　算一倉二
四尺五寸至四尺九寸為蓋半　算倉半
六尺至六尺九寸為二平倉　算二倉
七尺至八尺為二大倉　算二倉四

五尺至五尺九寸爲二小倉　算倉六
頭前三折桅前對折桅後至尾倉不折如遇
左右夾倉三折一通倉算二倉山東船桅前
夾一夾算二夾一倉算二倉南京船無頭倉
即算桅前倉
凡船樑頭至一丈八尺以上雖是小倉亦是平

倉鹽蛋照鹽魚科每千斤作萬個

目魚乾六折　水海蜇五折

牛骨牛角七折　水靛薯榔八折

油渣餅九折

如貨物裝倆未滿倉俱按倉口科算

如裝不滿倉須照濶深再加倉內分數相乘

算折

無蓋小船帆下帆一倉　算一倉五分倉

無蓋半帆一倉　算一倉五分五厘倉

涵江釣船以水倉六尺深為準

全倉計六十担每尺十担按蒲夾計二十担每

尺二担算

各口除例

南台進出口青紅单

桶甕埕桯箱 每除十斤 若二百斤除二十斤

箱等四十斤以下除五斤 桯甕桶三十斤以下除五斤

若二十斤以下除三斤

筐簍策籠包籃袋 每除五斤 若二百斤以上除十斤

若三十斤以內除三斤 二十斤以內除一斤

杠連紙每簍除三斤 古連紙每簍除四兩每十簍除二斤半

川連紙每簍除五斤 青皮香每簍除三斤

青靛雖三百以上每簍亦只除十斤

净棉花布包不除

細茶葉錫礶箱簍每除十斤

中茶葉双皮簍並箱（每除十斤）
單皮簍每除五斤若五十斤以内無双皮
簍凡各處紅單並出水單進口
無論裝貯多少包簍桶袋（每除十斤）
桔餅冰糖除桶照貨多少俱加一除
桶數如一百十斤除桶十一斤

火油桶二百五十斤以上 除五十斤 以下 除三十斤

若三百斤以上 除五十斤

細磁器簍桶原有定例除皮今照楻桶等

若三十斤以下 除五斤 二十斤以下 除三斤

連不除鮭醬裝桶大者 除十斤 小者 除五斤

劉五店

魚脯火油塩魚等貨裝筐簍 每除五斤

魚脯柬干棉花裝布袋 每除三斤

廈門大館

籠箱〢〥百斤除十斤 〤十斤除五斤 〣十斤除三斤 〢十斤除二斤 十斤除一斤

榥桶〢〥百斤除〢十斤 〤百斤除十斤 〤十斤除五斤 〣十斤除三斤 〢十斤除二斤

甕埕矼砙矸〢百斤除〣十斤 〡百斤除二十斤 〤十斤除十斤 〢〥斤除五斤

卅斤除三斤 十斤除二斤 六七斤除一斤

草包袋四十斤除三斤 卅斤除三斤 十斤除一斤

火油桶〢〨百斤除五十斤 〢百斤除三十斤 〤百斤除卅斤

〡百斤除十斤 四十斤除五斤 卅斤除三斤

茶葉袋卅斤除三斤 卅斤除二斤 十斤除一斤

如南紅茶錫箱除十斤 桶照桶除

金線匣每十匣五斤以上除四兩五斤以下除二兩
金線箱廿斤除五斤十餘斤除三斤
如草木箱秤驗先除三斤半外照例再除
箱位

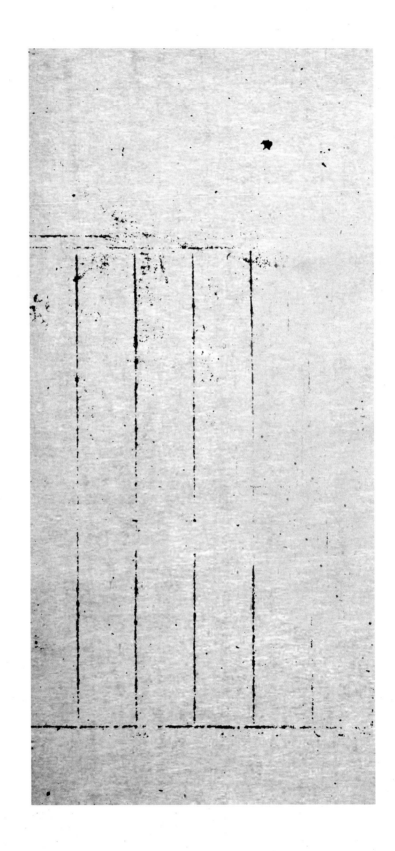

定例

緞絨錦二丈以上為連

廣蔴綢海南夏布五丈以外為連

永春布羅仝

幔寛一尺八寸上為布幔 長九尺 每疋二条

一尺六寸為水幔 長七尺 如一尺四寸為花布

綾絹綿紗四丈為連 潭紗三丈外為連

紗春綢串綢羅三丈五寸外為連

氷片糖八折

經縣紙三尺內為小 外為大 金箔五十張為一帖

銅雀鈕釦一百粒折五十粒折實每百粒一錢

油紙二摺為小 四摺為大 如甲紙大四張折小油帋一張

楠木板寬厚長三乘二歸七五折

楠木段三乘三歸九二六折

洋紅木三乘二歸九五折

紅木三乘九五折　相思木三乘四五折

相思板三乘三折

大含檀大鹿耳大椗大舵　長二丈以外

中含檀中鹿耳中椗中舵　長一丈五尺外

小舍檀小鹿耳小錠小舵　長一丈以外

門柱七寸至五寸　椽頭三寸至五寸

椽仔桶仔三寸以下　杉木三丈以外

二連段二丈以外　三連段一丈以外

木段一丈下圍二尺　杉節一丈

桶柴一丈圍不及二尺土杉仔一丈至二三尺

圍一尺至二三寸　小土杉長六尺至七尺圍六
寸至八寸　大小碑頭每付二三斤

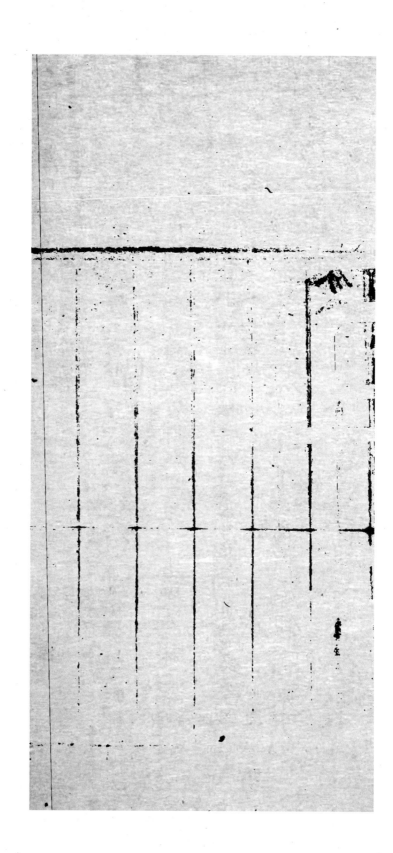

批板法

如板二百五十五塊實以一分八厘批乘之應銀四兩五錢九分除起二百五十五塊存銀二兩零四分先批壽板十塊每七分算的銀七錢火板二十塊每三分算的銀六錢將原銀二兩零四分除七錢又除六錢更存銀七錢四分即水

板七十四塊又回貨壽板十塊的銀八錢水板七十四塊的銀一兩四錢八分除外應存一兩五錢一分即方板之法

樑頭例

濶七尺以外	作五尺二寸
八尺以外	作五尺四寸
九尺以外	作五尺六寸
一丈以外	作五尺八寸
一丈三以外	作六尺四寸

一丈四尺以外　作六尺八寸

一丈六七尺外　作七尺五寸

一丈八尺以外　作八尺

以上係南廈泉涵四口字號海船每尺五錢

一年兩次征收

又小同易　小海易　小龍易字號

小商船　詔字號　小漁船
除照前項海船減折入冊外每尺稅
銀三錢一年兩次征收
又小晋易　小惠易字號
小漁船樑頭除照前項減折入冊外每
尺稅銀三錢一年一次征收

小惠漁字號　小漁船樑頭
除照前項減折入冊外每尺稅銀五錢
一年一次征收

夹板釐捐新章

本色洋布細中粗　每疋二分五厘

斜紋洋布漂洋布
花洋布各色洋緞布　每疋三分

什色呢　每疋三錢六分

各色羽毛　每疋三錢

各色嗶吱　每疋一錢五分

羽綾縐緞	每尺三錢
花羽羽綢	每尺一錢五分
洋錫	每担二錢四分
洋鉛	每担一錢二分
上檀香	每担三錢
次檀香	每担一錢五分

胡椒	每担二錢
玻璃	每箱二錢
洋釦	每千粒一錢
洋参	每担六两
自鳴鐘錶	每隻二錢

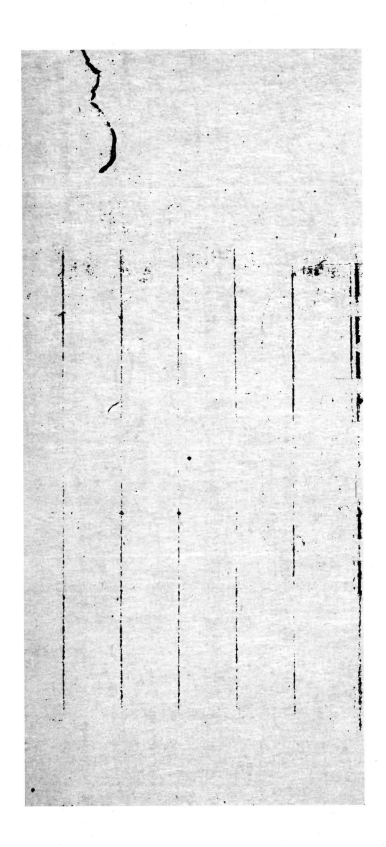

閩安關例則

杉木 每根[illegible]厘

邊木連段 每節[illegible]厘

二連段 每節[illegible]厘

三連段 每節[illegible]厘

桶柴 每塊[illegible]